INDICE

1. La Costituzione castellerese
Preambolo
Art. 1
Art. 2
Art. 3
Art. 4
Art. 5
Art. 6
Art. 7
Art. 8
Art. 9
Art. 10

2. Le maggiori leggi
Editto sopra i beni culturali di Castellero
Missiva del CdS ai Ministri Generali
Introduzione dei tappi
Legalizzazione delle droghe leggere
Trattato di Bubbio
Legge sul Welfare
REFERENDUM POPOLARE: Proposta di legge sull'eliminazione del Ministero della Terra e del Ministero della Sicurezza Interna
Legge sullo stipendio dell'esercito
Nota di banco
Missiva per l'Orfanotrofio
Legge sulle libere elezioni

3. Diritto coloniale

Ordinanza di Castellero del Segretario Generale
Missiva del CdS riguardo la missione coloniale del 25-12-2020 nel mondo di Fallout 4 di Nathan Howard
Missiva del Governatore Coloniale di Castellero (Colonizzazione di Nuka World)
Gestione coloniale – Verbali
Missiva del CdS sulla missione coloniale a Nuka World
Missiva del Ministero Coloniale (Mondo Ordinato)
Rapporto sulla colonizzazione del Commonwealth e sullo stato della colonia di Nuka World
Missiva del Ministero Coloniale (Rising World)

Prefazione

Quest'opera è la raccolta di tre testi, divisi per capitoli, fondamentali per il conseguimento della laurea in Diritto Castellerese.

I libri che compongono questo manuale sono stati scritti tra il novembre 2022 e il maggio 2023 per mezzo di un grande lavoro d'archivio tra le varie leggi promulgate e la nostra Costituzione.

Il lavoro d'archivio legislativo non è semplice, ma necessario al fine di ricostruire il percorso che uno Stato compie dal punto di vista del diritto: dagli albori, quando le leggi avevano contenuto magari banale, alle fasi intermedie, quando le leggi si caricano di cambiamento e di sviluppo e, infine, si giunge alla fase di stabilizzazione o standardizzazione, dove non è più necessario un riformismo galoppante e ci si accontenta di emanare atti di ordinaria amministrazione o quasi.

Realizzare questo manuale mettendo insieme tutti questi testi e tutte queste analisi è stato un duro lavoro, ma estremamente piacevole perché si è ripercorsa la Storia del nostro Stato, le sue radici, le sue ragioni e i suoi valori.

È d'auspicio che anche il lettore, il quale probabilmente dovrà studiare questo manuale per superare gli esami universitari, trovi affascinante ripercorrere le leggi del nostro Stato e che si appassioni ad esse studiandole, comprendendole e contestualizzandole. Chissà, magari un giorno toccherà a lui farne.

4

I

La Costituzione castellerese

Introduzione
La Costituzione Castellerese è stata redatta il 5 Aprile 2022 da Paolo Cittadino, Riccardo Piazzo e Alessio Giacometti con l'intento di definire il perimetro d'azione del Governo.
Aver adottato una costituzione significa che l'azione legislativa ed esecutiva non è più arbitraria (a discrezione dell'organo preposto), ma regolata ed accettata da tutti.

Preambolo
«*La seguente Costituzione prende spunto diretto da quella alasiana ed è stata redatta avendo ben presenti i valori castelleresi*».

La Costituzione Alasiana (nel gioco di ruolo "Isola Senza Nome") è stata redatta il 25 Maggio 2021 e presentava la stessa formulazione degli articoli (in particolare quelli dall'1 al 5).

La Costituzione Castellerese è stata redatta avendo ben presenti i valori fondanti: lavoro, umiltà, disciplina e onestà (valori presenti anche sulla vecchia bandiera dello Stato).
Si tiene però conto anche di un ulteriore valore: la natura bellica di Castellero. Il nostro Stato è nato per necessità nel 2009, quando un gruppo di cacciatori locali si sono uniti per fronteggiare la minaccia della prima guerra contro gli alieni. Il gruppo, negli anni, è rimasto unito per fronteggiare una guerra dopo l'altra prendendo sempre più la forma di un'istituzione statale la quale è ora.

Articolo I – Diritto naturale

«Lo Stato di Castellero garantisce a tutti i propri cittadini pari diritti e pari doveri.
I.1 E li garantisce anche a chi commette reati, commutando la pena di morte in detenzione a vita. Atti di tortura sono considerati illegali.
I.2 I carcerati potranno comunque scontare una pena minore se dimostreranno di essere migliorati e di aver compreso l'entità del proprio errore.
I.3 Non esiste punizione prescritta per un reato, ma si valuta con cognizione e buon senso l'infrazione commessa. L'atto giudiziario è dovere del Consiglio dei Ministri».

Lo Stato garantisce a tutti i cittadini i diritti umani basilari, ma nel testo costituzionale non sono esplicitamente espressi. Viene però sottolineato che i diritti vanno di pari passo con i doveri che i cittadini hanno nei confronti dello Stato.

I.1 | La tutela dei diritti è garantita anche a chi ha commesso un reato. La pena di morte è quindi considerata illegale e commutata in detenzione a vita.

1.2 | Chi viene incarcerato ha possibilità di riscattarsi giuridicamente e socialmente dimostrando di aver compreso l'entità del proprio illecito e impegnandosi a migliorare.

1.3 | Lo Stato non prevede alcun codice civile o penale, ma le valutazioni giudiziarie spettano al Consiglio dei Ministri che agisce secondo i criteri di cognizione e buon senso.
Si può inoltre dire che la giurisdizione castellerese si rifà alla tradizione anglosassone della "Common Law", ovvero all'attività di consulta delle precedenti sentenze emesse da altri giudici su casi analoghi.

Articolo 2 – Guerra

«Lo Stato di Castellero considera la guerra un male talvolta necessario e si appresta a compierla nel pieno dei valori morali e ripudiando i crimini di guerra.
2.1 In tempo di pace l'esercito recluta su base volontaria.
2.2 L'arruolamento forzato dei cittadini è legittimo solo in stato di guerra».

Per sua natura Castellero non ripudia la guerra in quanto causa della sua stessa nascita, ma la compie nel pieno rispetto dei valori morali quali: onore in battaglia, ripudio dei crimini di guerra, rispetto del nemico.

2.1 | In tempo di pace l'Esercito non può reclutare forzatamente e si deve attenere all'arruolamento su base volontaria.

2.2 | L'arruolamento forzato, invece, viene consentito solamente in stato di guerra, stato che Castellero deve ufficialmente annunciare con un comunicato pubblico.

Articolo 3 – Economia

«Lo Stato di Castellero garantisce il libero commercio a tutti i cittadini, condanna il mercato nero e la vendita di sostanze stupefacenti pesanti che creino danni irreversibili alla persona fisica e spirituale.
3.1 Lo Stato può richiedere una percentuale delle entrate di un'attività che operi in territorio nazionale pari al 20%.
3.2 Prima di aprire una qualsiasi attività commerciale bisogna ottenere il permesso alle autorità statali preposte, ovvero il Ministero delle Infrastrutture.
3.3 Le attività commerciali vanno valutate dal Ministero Logistico secondo i criteri di: economicità, liceità, conformità allo Stato e solida struttura aziendale.
3.4 La valuta statale è il Fuzio».

Il libero commercio è garantito. Per commerciare a Castellero non c'è bisogno di alcuna autorizzazione fintanto che questo è di natura occasionale.

3.1 | Lo Stato può richiedere (può, non è obbligato) una percentuale di tassazione non superiore al 20% di ogni introito mensilmente.

3.2 | Dal momento in cui si decide di aprire un'attività commerciale bisogna richiedere l'autorizzazione all'ente preposto (attualmente il Ministero Logistico).

3.3 | L'ente preposto acconsentirà o negherà secondo i criteri di: economicità (ovvero il contributo economico che l'azienda può fornire alla comunità e allo Stato), liceità (conformità legale), conformità allo Stato (conformità ai valori e alle tradizioni castelleresi), e solidità strutturale dell'azienda (suddivisione dei ruoli, leader aziendale affidabile, locazione adatta etc...).

3.4 | Il Funzio è riconosciuto come unica valuta accettata all'interno del territorio castellerese. Il commercio internazionale si adopera quindi della conversione del Funzio che è 1F=3€. Questo vuol dire che il valore del Funzio è strettamente legato a quello dell'Euro.

Articolo 4 – Istruzione

«Lo Stato di Castellero offre ai cittadini il grado d'istruzione universitario, per mezzo dell'Università di Castellero, a costi ribassati. 4.1 I costi dei vari corsi universitari sono a discrezione dell'Università stessa, che si impegna a mantenerli bassi, in modo da renderli accessibili alla maggioranza dei cittadini».

L'Università di Castellero è aperta a tutti, anche ai non cittadinati, ma i cittadini possono accedere ai programmi formativi alla metà del costo del corso.
Lo Stato può indire dei bandi (con fondi statali) che incentivino i cittadini ad iscriversi ad uno specifico corso.

4.1 | I costi dei vari corsi sono a discrezione dell'istituzione universitaria che si impegna a mantenerli bassi e accessibili in base alla situazione economica del periodo storico.

Articolo 5 – Struttura politica

«Lo Stato di Castellero si regge sui seguenti ruoli istituzionali:

<u>*Capo di Stato*</u>
Ha il potere di veto su tutte le proposte dei ministri. Nessuna decisione può essere presa dai ministri senza il suo consenso. Non presenzia al Consiglio dei Ministri, ma ne può richiedere un verbale.

Può nominare consiglieri e ministri a sua discrezione e può licenziarli, ma con precise e oggettive motivazioni.
Può essere deposto se si riscontrano delle oggettive e inconfutabili motivazioni che lo descrivano come inadatto al compito. È necessario che almeno ¾ dei ministri siano d'accordo.

Il Capo di Stato è la più alta carica castellerese. Ha il potere di veto su tutte le proposte dei ministri e del Consiglio dei Ministri. Può inoltre proporre egli stesso delle leggi o dei provvedimenti senza il bisogno di chiedere l'approvazione dei vari ministri.
La scelta dei ministri e dei consiglieri spetta a lui e anche il loro eventuale licenziamento, ma è necessario spiegare le comprovate motivazioni.
È doveroso specificare, tuttavia, che anche se la legge prevede che il CdS abbia, in sostanza, pieni poteri, non significa che egli sia obbligato a farne uso. Il CdS può anche indire sondaggi e referendum ogni volta che si propone una legge, in modo da agire più democraticamente. Può anche indire elezioni per i minsitri e i consiglieri (ad esempio l'operato di Paolo Cittadino nel 2022 rispecchia una volontà di agire politico più democratico e liberale rispetto al precedente CdS Riccardo Piazzo).
Se i ministri ritengono che il CdS stia agendo in maniera contraria ai valori castelleresi possono proporre la sua deposizione durante il Consiglio dei Ministri. La proposta deve essere accettata da almeno ¾ dei ministri.

Vice Capo di Stato
Scelto tra i ministri, tra i quali è il più alto in grado e modera il Consiglio dei Ministri.

La carica di Vice Capo di Stato tiene con sé molte delle responsabilità di governo. Sostanzialmente è il ministro che deve darsi più da fare nella gestione delle faccende minori dello Stato.

Convoca e modera il Consiglio dei Ministri per il quale, se richiesto espressamente dal CdS, deve stendere e presentare un verbale.

Ministro della Guerra
Gestisce l'esercito con sua grande capacità e discrezione, ma pur sempre con l'approvazione del CDS.

Gestisce le forze armate castelleresi utilizzando dei fondi preposti e conservati in un conto bancario apposito, separato dai fondi dello Stato.

Ministro della Cultura
Gestisce le attività culturali e storiche, compresa l'Università di Castellero. Può organizzare mostre e congressi culturali, previa approvazione del CDS.

Tutte le attività culturali e storiche devono essere proposte o approvate dal Ministro della Cultura.
È rettore dell'Università di Castellero, della quale gestisce e approva i vari corsi di studio disponibili.
Naturalmente, ogni sua proposta in ambito di attività culturali e storiche deve essere previamente approvata dal CdS.

Ministro Coloniale
Gestisce le varie colonie statali assieme con i governatori delle suddette.
Presiede e modera il Consiglio Coloniale, ovvero la dieta di tutti i governatori coloniali.
Deve assicurarsi che tutte le colonie rispettino il principio di sostenibilità.

Tra i ministri di maggiore importanza in quanto Castellero occupa gran parte delle proprie energie a fondare, gestire e mantenere colonie situate in luoghi extra-reali (di fantasia).

Il mantenimento delle colonie è un elemento importante per il buon funzionamento dello Stato, soprattutto a livello economico in quanto le colonie più floride pagano ingenti tasse alle casse statali e quindi contribuiscono attivamente al benessere dei cittadini.
Può nominare i vari governatori coloniali tra una lista di nomi consigliati da chi concretamente crea la colonia.
Può convocare il Consiglio Coloniale, ovvero la riunione di tutti i governatori delle varie colonie, nel quale si espongono problematiche, propositi e decisioni legati alla gestione delle colonie.
Il principio di sostenibilità è fondamentale: una colonia non può esistere se la sua esistenza stessa è una minaccia per lo Stato o per il mondo extra-reale nella quale è situata. È compito quindi del Ministro Coloniale valutare quali colonie siano sostenibili e quali no, sulla base di criteri di valutazione da egli stabiliti.

Ministro delle Infrastrutture
Gestisce gli edifici, le strutture statali.
Gestisce la Banca di Castellero.
In sostanza si occupa di tutto il lato gestionale dello Stato ed è quindi considerato il ministro più importante.

Ha il compito di gestire il lato concreto e materiale dello Stato, dai documenti agli eventi e agli edifici.
Supporta il Ministero della Guerra per quanto concerne la logistica militare.
Si occupa della stampa dei Funzi e controlla che questa avvenga in conformità con la legge.

Ministro degli Esteri
Si occupa delle relazioni internazionali in tempo di pace e di guerra.
Deve agire sempre per il bene dello Stato.

Dal suo operato e dalla sua dialettica dipendono le relazioni che si hanno con gli altri Stati e gli altri enti extra-territoriali.

Il Ministro degli Esteri è a tutti gli effetti il maggior ambasciatore dello Stato e non può agire in contrarietà con esso.

Ministro di Sicurezza Interna
Gestisce la polizia dello Stato e i servizi segreti.

Seppur al momento della stesura della Costituzione e nemmeno ora esista un corpo di polizia dello Stato, il Ministro di Sicurezza Interna è preposto al suo controllo e amministrazione non appena questo venga creato.

Gestisce anche i servizi segreti. Le spie e gli informatori devono contattare lui direttamente per le comunicazioni che riguardano lo spionaggio e la raccolta di informazioni in territorio statale o fuori da esso.

Ministro della Terra
Ruolo simile al Ministero Logistico (delle Infrastrutture), ma di pertinenza prettamente agricola.

Si occupa di gestire le coltivazioni e di proporre piani per un'agricoltura che bilanci costi e benefici.

Ministro del Futuro
Si occupa dello sviluppo dello Stato proponendo piani di crescita sostenibile, in tutti gli ambiti, dall'economico al militare.

Il suo compito è quello di proporre piani a medio e lungo termine che riguardino, in tutti gli ambiti possibili, la crescita e lo sviluppo dello Stato.

Governatore di Distretto
Viene eletto dal popolo che abita in quel preciso distretto e ne

rappresenta le sue dirette volontà.
Presenzia al Consiglio dei Governatori Distrettuali».

È l'unico ruolo ad avere natura elettorale. Gli abitanti dei vari distretti sono tenuti a votare (a cadenza stabilita dal CdS) per il loro rappresentante.
Presenzia alla riunione dei vari governatori: il Consiglio dei Governatori Distrettuali, ovvero una dieta in cui si discute delle problematiche e dei progetti legati ai singoli distretti e quindi di natura locale, non statale.
Il Consiglio dei Governatori Coloniali può proporre disegni di legge ed eventi culturali e storici e deve comunicare le suddette proposte al Consiglio dei Ministri o direttamente al CdS che le approveranno o negheranno.

Articolo 6 – Aziende statali
«Lo Stato di Castellero riconosce come aziende ad affiliazione diretta statale le seguenti aziende:
- INNAS;
- Studio Crinzino;
- Piazzo & Company;
- Università di Castellero;
- Industria Pesante Montaldo».

Questo elenco di aziende è direttamente affiliato allo Stato e, di conseguenza, se ne vieta categoricamente la privatizzazione.
Solo una legge approvata dal CdS può decidere la privatizzazione o la concessione di percentuali patrimoniali ad un ente privato.

Articolo 7 – Documentazione ufficiale

«*Lo Stato di Castellero riconosce come ufficiali solo i seguenti documenti, i quali dovranno attenersi sempre al modello campione:*

Cittadinanza
Lingua castellerese, formato cartaceo stampato A4/A5, una copia al cittadino e una allo Stato.

Contratto di lavoro
Lingua italiana, formato cartaceo stampato o digitale A5, scritto a mano, una copia al cittadino e una allo Stato.

Carta d'identità
Lingua castellerese, formato cartaceo stampato o digitale A5.

Verbale
Lingua italiana, formato cartaceo stampato o digitale A4, scritto a mano.

Missiva
Lingua italiana, formato cartaceo stampato o digitale A4/A5, scritto a mano, con timbro ufficiale, di livello ordinario, personale o prioritario.

Funzi
Devono seguire rigidamente i modelli di stampa, che sono a conoscenza solo del Ministero Logistico».

Da quando la Costituzione è entrata in vigore non si è tenuto particolarmente conto dei modelli decisi durante la stesura del testo, ma si è sempre fatto un po' alla buona o come si riusciva meglio. Questo non significa che l'Art. 7 non abbia validità, ma che la consuetudine ha snellito parzialmente i processi di stampa dei documenti che altrimenti richiederebbero particolare attenzione.

Il discorso, però, non vale per i Funzi i quali vengono stampati seguendo sempre alla lettera le indicazioni costituzionali che sono a conoscenza solo del Ministero delle Infrastrutture.

Articolo 8 – Territorio

«Lo Stato di Castellero considera propri confini i seguenti:
- Nord (Strada Provinciale 51);
- Sud (Il Bric);
- Ovest (Il fiume Roveja);
- Est (La valle che divide Casasse da Castellero).

Il territorio castellerese è diviso in tre distretti, ognuno dei quali è gestito da un governatore eletto dal popolo distrettuale:

<u>*Primo distretto - La zona Badellino*</u>
Luoghi d'interesse: Parco pubblico di Castellero.

<u>*Secondo distretto - La zona Piazzo*</u>
Luoghi d'interesse: Casa Madre, Mercato di Castellero.

<u>*Terzo distretto - La zona Montaldo*</u>
Luoghi d'interesse: Edicola votiva della Madonna, Industria Pesante Montaldo».

L'Art. 8 non presenta particolari necessità di commento se non ricordare che i distretti si possono anche chiamare "zone" e che ad ogni distretto corrisponde il nome di una zona che deriva dal primo governatore di distretto eletto.

Inoltre, i luoghi d'interesse sono mutevoli nel tempo. Quelli sopracitati erano rilevanti al momento della stesura del testo costituzionale.

Articolo 9 – Realtà e fantasia

«Lo Stato di Castellero "si posiziona sulla realtà", questo vuol dire che il rapporto tra le cose concrete e quelle fantasiose è paritario. Se una cosa è fantasiosa allora è di realtà.
9.1 Si può tollerare, al massimo, un abbassamento del valore all'ente fantastico fino al 70% (questo vuol dire che l'ente fantastico deve avere almeno sempre il 70% di importanza rispetto all'ente concreto).
9.2 Rinnegare gli eventi di fantasia significa non credere ai valori castelleresi ed è quindi considerato un grave atto di prosaicità».

La frase "Castellero si posiziona sulla realtà" detta da Alessio Giacometti quando ancora non era Ministro Coloniale ci spiega perfettamente l'entità di Castellero: uno Stato che nasce dalla fantasia, ma poi diventa concreto quando riconosciuto da una grande quantità di persone, cittadini, politici e militari.

9.1 | L'ente fantastico deve avere almeno il 70% di considerazione, quindi non si può mai dire che Castellero è tutta una finzione. Bisogna sforzarsi di vedere lo Stato come un ente semi-concreto. Più ci si crede e più sembra vero.

9.2 | Rinnegare gli eventi di fantasia è grave. Vuol dire non essere in grado di andare oltre la noiosità del reale e abbracciare un pizzico di fantasia. Un ministro non si può mai macchiare di "prosaicità", ovvero il grave atto di non credere a Castellero e ai suoi valori.

Articolo 10 – Cultura e società

«Lo Stato di Castellero considera ufficiali e di rilevanza statale le seguenti festività e ricorrenze:

<u>Compleanza</u>
Festa annuale che si svolge in una qualsiasi data successiva al 26 gennaio.
È importante in quanto momento di ritrovo e di convivio tra i

cittadini castelleresi.
Musica e banchetti condiscono i festeggiamenti del compleanno di Riccardo Piazzo.

<u>*Festa di fine estate*</u>
Festa annuale che si svolge in una qualsiasi data successiva al 15 agosto.
È importante in quanto momento di ritrovo e di convivio tra i cittadini castelleresi.
Si celebra la fine del periodo di pace e riposo estivi.
Banchetti e convivio condiscono gli spensierati festeggiamenti improntati sulla leggerezza estiva.

<u>*Annuale Simulazione Militare Congiunta*</u>
Simulazione in ambito militare che si svolge in una data a scelta in base alla disponibilità dei partecipanti (una volta l'anno).
L'esercitazione si svolge congiuntamente con le forze di almeno un esercito esterno a Castellero.
La fine dell'esercitazione è celebrata con un banchetto».

Anche l'Art. 10 non richiede particolare commento in quanto le festività sono mutevoli, possono cambiare nel tempo.

È importante dire, tuttavia, che le festività possono essere cancellate o aggiunte tramite legge approvata dal CdS.

2
Le maggiori leggi

Introduzione

Questo capitolo cerca di fare un riassunto della legislazione castellerese ripercorrendo cronologicamente le leggi più importanti e che hanno avuto più rilevanza nello Stato.

È probabile che qualche legge sia rimasta indietro, nel dimenticatoio, o forse persa in qualche cestino della carta o in qualche cartella da qualche parte, ma in questo libro sono state raccolte le leggi che sono rimaste, quelle che non si sono perse.

L'attività legislativa è affascinante, ma cosa c'è di più affascinante se non lo studio di una società attraverso la sua legislazione? Studiando le leggi da essa prodotte si può risalire a quali fossero le sue necessità in un determinato periodo. Proprio per questo motivo, in quest'opera, le date non mancano: collocare cronologicamente una legge è fondamentale per comprenderne la sua ragion d'essere.

Al fondo di ogni testo di legge riportato, troverete un commento dell'autore. A volte questo commento sarà sintetico (quando non è necessaria chissà quale argomentazione), ma a volte sarà esteso e particolarmente importante per capire la legge stessa.

Editto sopra i beni culturali di Castellero
17 gennaio 2022 – Missiva prioritaria

> Con questo editto si dice che tutti gli "oggetti culturali" prodotti dallo Stato castellerese devono essere coltivati con ordine e conservati, tutelati nel tempo a venire.
>
> Vi sono gradi differenti (3, per la precisione) di importanza dei beni culturali castelleresi. È compito del Governo stilare una lista "fluida" (facilmente modificabile in base a semplici ordinanze) di tutti i beni culturali in graduatoria, la quale serve per stabilire l'importanza dei singoli beni con conseguente trattamento (più o meno) urgente/precedenziale.
>
> Di seguito si spiegano i tre gradi di culturalità:
> <u>1° grado</u> = i beni culturali di importanza insindacabile, antichi e che hanno fatto la Storia della cultura castellerese;
> <u>2° grado</u> = i beni più giovani, ma comunque abbastanza datati da aver acquisito una certa rilevanza nella Storia del Paese;
> <u>3° grado</u> = i beni più recenti o dimenticati che sono solo mediamente rilevanti. Magari lo sono stati in passato e ora sono divenuti irrecuperabili o smarriti, o semplicemente non si ritiene importante la loro valorizzazione attiva.

- COMMENTO

    Questo è ritenuto il primo documento legislativo castellerese. Il testo parla della ufficializzazione dei beni culturali castelleresi e vengono messi in una graduatoria di tre livelli, in base alla loro importanza.

    Questo documento verrà poi integrato e portato a compimento con un'ordinanza compilata dal 21 marzo al 2 aprile 2022 del quale non parlerò siccome riporta semplicemente le parole del sopracitato documento, con un'aggiunta di un corposo elenco di beni culturali ordinati secondo i tre gradi decisi.

Missiva del CdS ai Ministri Generali

21 marzo 2022 – Missiva ordinaria

Il presente CdS Riccardo Piazzo ordina a tutti i Min. Gen. un lavoro di "Organizzazione Definitiva Generale" di tutti i documenti, digitali e cartacei, in un apposito raccoglitore e in un'apposita cartella documenti.

- Il suddetto lavoro è richiesto perché è necessario.
- Bisogna dare contorni, una volta per tutte, a Castellero.
- Entro il 15 Maggio (Domenica) 2022.
- Sono concesse collaborazioni con tutti i soggetti ritenuti.
- Il progetto si chiamerà "Riforma di Definizione"
- Tener conto del documento "Passi per la Riforma di Definizione" e dei suoi punti numerati per lo svolgimento di questo lavoro.

- COMMENTO

    Questo è un documento che deve interessarci moltissimo in quanto si tratta della missiva che da forma allo Stato di Castellero come lo conosciamo oggi. Se non ci fosse stata tutta questa raccolta di documenti, leggi, beni, istituzioni etc… Castellero avrebbe ben poco di concreto e ben poco anche di fantasioso.

    Il nome "Riforma di Definizione" parla da sé: ci dice che questa riforma ha il compito di gettare le fondamenta ed erigere i muri di quello che lo Stato è tutt'ora, ovvero un qualcosa di piuttosto reale, tangibile in molte delle sue forme e manifestazioni.

    Dobbiamo molto alla Riforma di Definizione in quanto tutto ciò che è venuto dopo (il governo di Paolo Cittadino, le varie leggi promulgate etc…) è potuto accadere solo grazie al suo completamento.

    La Riforma poneva ben ventinove punti da realizzare prima di dirsi completata, tuttavia bisogna essere onesti ed ammettere che non è stata portata a compimento per intero: qualche punto è rimasto inattuato tutt'ora, a distanza di più di un anno, ma i punti principali, invece, sono stati portati a termine senz'altro ben prima della data di scadenza sancita dalla missiva sopra riportata (che recitava il 15 maggio come data di scadenza).

Introduzione dei tappi
4 maggio 2022 – Proposta di legge

- Si propone la valorizzazione dei tappi a 1/10 di Funzio.
- Per tappi s'intendono rigorosamente quelli delle birre, bibite in

> vetro etc./NO tappi in plastica.
> - La proposta serve per creare un sistema decimale ancora inesistente nella valuta Funzia e quindi evitare l'inflazione.
> - Lo Stato non comprerà tappi ai cittadini.

- COMMENTO

    Prima legge emanata dal nuovo governo Cittadino.
    Questa legge, e lo si capisce particolarmente dall'ultimo punto, era stata proposta originariamente pochi giorni prima (il 28 aprile) con un testo decisamente più esteso nel quale si diceva anche che lo Stato avrebbe dovuto comprare i tappi al costo di 1/10 di Funzio e successivamente avrebbe aumentato il valore di questi fino ad 1/6 di Funzio, guadagnandoci una discreta quantità di denaro.
    La proposta, discussa al Consiglio dei Ministri, era stata reputata ingannevole nei confronti di chi avrebbe acconsentito alla vendita dei tappi allo Stato e quindi bocciata. Tuttavia, l'idea di base dell'istituzione dei tappi come decimi di Funzio era piaciuta ed è quindi stato chiesto all'allora Ministro delle Infrastrutture Riccardo Piazzo di redigere un nuovo testo (quello presentato sopra) con le modifiche decise in sede di Consiglio.

Legalizzazione delle droghe leggere
18 maggio 2022 – Modifica alla Costituzione

> È stata decisa ieri una leggera modifica dell'articolo 3 della Costituzione da parte dell'esecutivo. Ora non ci potranno più essere dubbi: a Castellero è legale coltivare e vendere sostanze stupefacenti leggere.

- COMMENTO

    Lieve modifica all'art. 3 della Costituzione che già lasciava spazio ad intendere che la coltivazione di droghe leggere fosse legale, ma non lo precisava a sufficienza.

    Questa modifica è stata richiesta a gran voce in particolare dal Ministero degli Esteri e dal Ministero della Guerra, con grande assenso del CdS.

Trattato di Bubbio

25 giugno 2022 | 26 novembre 2022 – Trattato commerciale

> Con il presente trattato, l'Industria Pesante Montaldo (Stato di Castellero) e Valbormida S.p.A. (Bubbio) si impegnano a rispettare alcuni punti di reciproca cooperazione e commercio:
>
> - IPM si impegna a fornire mensilmente la quantità di 24u ferro e 8u acciaio;
> - Valbormida S.p.A. si impegna a pagare IPM una somma pari a 6 Funzi per ogni unità di ferro e 10 Funzi per ogni unità d'acciaio. Il totale che Valbormida S.p.A. dovrà pagare fintanto che si manterranno queste quantità di materiale sarà di 224 Funzi al mese;
> - questo trattato può essere modificato qualora le condizioni economiche e commerciali lo rendano possibile: si può aumentare o diminuire la quantità di materiale venduto e si possono modificare i prezzi di questi in comune accordo tra le parti;
> - ogni illecito commesso dall'una o dall'altra parte verrà preso in analisi da una commissione superpartes messa in piedi ad hoc.

- COMMENTO
  Viene sopra riportato il testo del Trattato di Bubbio comprensivo delle modifiche apportate il 26 novembre 2022.
  Il testo del 25 giugno recava differenze di quantità: 15u ferro e 5u acciaio, con conseguente guadagno di 140 Funzi mensili. Si è deciso di aumentare le quantità di materiali in quanto lo Stato non se ne faceva niente ed era necessaria un'entrata economica maggiore.
  La modifica del trattato è stata richiesta a Valbormida S.p.A. in data 17 novembre per mezzo di una missiva ordinaria del Ministero delle Infrastrutture. Non appena l'azienda di Bubbio ha risposto si è provveduto a modificare i termini del trattato di comune accordo.

Legge sul Welfare

4 ottobre 2022 | 8 marzo 2023 – Legge pubblicata sulla Gazzetta | Missiva ordinaria del Ministero Logistico

---

I° Testo
Data l'attuale situazione di tensione causata dagli attacchi montatesi e in vista della prossima apertura dell'ospedale a novembre, le spese dello Stato sono drasticamente aumentate.
Si introduce quindi un sistema di flat tax mensile al 15% sul patrimonio complessivo (quindi non sul reddito mensile dei singoli individui).

Questa nuova misura intaccherà solamente coloro in possesso di un patrimonio superiore a 35 Funzi.
Per patrimonio complessivo si intende non solo il denaro depositato nel conto corrente dell'individuo, ma anche l'eventuale patrimonio delle attività commerciali da lui controllate.

Questa misura è fondamentale per il corretto mantenimento del futuro sistema sanitario pubblico, in quanto le attuali entrate dello Stato non sarebbero sufficienti.

La norma entrerà in vigore a partire dal 15 ottobre 2022 e la tassazione avverrà ogni 15 del mese, mensilmente.

2° Testo

Con questa missiva si intende modificare l'attuale sistema di tassazione (15% sui redditi > 35F/mese) in favore di uno migliore che qui propongo:
5% sui redditi > 50F/mese.
Viene proposta questa modifica della tassazione in quanto si è visto che, molto spesso, la tassa superava il guadagno mensile di alcuni individui, penalizzando soprattutto i redditi > 35F.

Questa modifica non è da intendersi come una esagerata tutela degli agiati castelleresi, ma come una misura atta a tutelare il lavoro svolto e i risparmi dei cittadini.

Questa misura, naturalmente, influirà piuttosto negativamente sulle casse dello Stato, ma permetterà forse una maggiore circolazione del denaro tra i cittadini e, di conseguenza, quello che lo Stato non riceverà dalla tassazione mensile probabilmente lo riscuoterà dalla tassa sulle singole transazioni.

- COMMENTO

    Riguardo al primo testo, si può dire che ci si è resi conto solo dopo qualche mese di governo che mancava una legge sulla tassazione. Intendiamoci, un tipo di tassazione era già presente, la tassazione sulle entrate commerciali (max 20%), ma mancava una tassa fissa, una sorta di "testatico".

Con saggezza, comunque, si è scelto di imporre questa tassa solamente a chi avesse un patrimonio di una certa importanza. Con il passare del tempo molti cittadini hanno accumulato un patrimonio di almeno 35 Funzi e si è notato che il prelievo del 15% era troppo esagerato ed ingiusto nei confronti di questi cittadini. Come recita il secondo testo, molto spesso alcuni cittadini dovevano pagare mensilmente una tassa che era più alta del loro stipendio mensile, di conseguenza si è scelto di aumentare innanzitutto la soglia di tassabilità portandola a 50 Funzi e di diminuire la percentuale portandola al 5%.

REFERENDUM POPOLARE: Proposta di legge sull'eliminazione del Ministero della Terra e del Ministero della Sicurezza Interna

10 ottobre 2022 – Referendum sulla piattaforma Strawpoll

> Cari cittadini, vi giunge oggi questo messaggio poiché siete stati chiamati a valutare positivamente o negativamente una proposta di legge che si propone di cambiare la struttura del Governo castellerese.
>
> Attualmente l'esecutivo è composto da otto ministeri: Ministero della Guerra, della Cultura, delle Colonie, delle Infrastrutture, degli Esteri, della Sicurezza Interna, della Terra, del Futuro. Con la proposta di legge qui presentata, s'intende (come già anticipato nel titolo) rimuovere dall'elenco dei ministeri quello della Terra e quello della Sicurezza Interna. Le mansioni del Ministero della Terra passerebbero al Ministero delle Infrastrutture, quelle del Ministero della Sicurezza Interna al Ministero della Guerra.

Questa proposta di legge nasce dalla volontà di rendere più veloce e meno burocratizzato l'iter legislativo e di snellire il corpo ministeriale di elementi non fondamentali.

In quanto sincera la volontà di rendere partecipe il popolo in questa decisione, è doveroso mettervi al corrente delle principali criticità che questa proposta di legge presenta: diminuire il numero dei ministri vuol dire diminuire le voci nel coro della discussione politica castellerese e quindi lasciare la volontà di decidere a un meno vasto panorama di idee e valori.
E' doveroso dire, tuttavia, che questa proposta di legge nasce dal palesamento dell'infruttuoso rapporto costi-benefici che questi ministeri offrivano allo Stato.

Si allega qui sotto il link attraverso cui si accede alla piattaforma utilizzata per la votazione. Il voto è assolutamente anonimo e non è in alcun modo possibile risalire al nome del votante. Sentitevi liberi quindi di esprimere pienamente la vostra opinione senza paura di ritorsioni che il nostro Stato condanna fermamente.

- COMMENTO
    Questo referendum nasce, come d'altronde ci dice il testo stesso, dal fatto che quei due ministeri non avevano alcuna utilità per il Governo. Il CdS Cittadino lottò dialetticamente per mantenerli in nome di un maggiore coro di voci politiche nell'esecutivo, ma alla fine decise di indire un referendum popolare e quindi cedette ai cittadini la sentenza.
    Il risultato fu piuttosto netto: 13 (65%) voti a favore, 7 (35%) voti contrari, con un'affluenza del 77% degli aventi diritto.

Legge sullo stipendio dell'esercito
2 febbraio 2023 – Missiva del Ministero Logistico

> Con questa missiva si intende standardizzare lo stipendio dei soldati dell'Esercito Regolare portandolo ad una cifra fissa di 8 Funzi, ad elargizione mensile.
>
> Lo stipendio sarà a carico dell'Esercito attraverso il suo specifico conto corrente nel Banco statale.
>
> La legge entrerà in vigore a partire dal 15 febbraio 2023.

- COMMENTO
  È importante precisare che, prima di questa legge, l'esercito era pagato a cottimo quando veniva impiegato in operazioni militari, ma non esisteva uno stipendio fisso per il loro mantenimento. Ne risultava che le condizioni economiche dei soldati erano penose, guidati e sostentati solamente dal loro onore di servire nell'istituzione bellica.
  Era quindi doveroso assegnare loro uno stipendio, anche se poco.

Nota di banco
7 marzo 2023 – Missiva del Ministero Logistico

> Con la presente missiva si intende regolamentare gli scambi tra soggetti, siano essi tramite contanti o tramite pagamento elettronico.
>
> I. Per i pagamenti allo Stato sarà necessario utilizzare una *nota di banco* (allego documento alla presente missiva) in

> modo da rendere tracciabili tutti i versamenti che i cittadini fanno allo Stato (tasse mensili escluse) e, viceversa, anche tutti i soldi che lo Stato concede ai singoli qualora ve ne sia la motivazione.
> 2. Sarà inoltre necessario utilizzare una nota di banco anche negli scambi tra privati superiori al valore di 10 Funzi.
> 3. La nota di banco va consegnata al Banco di Castellero (Ministero delle Infrastrutture) il quale la converte in denaro contante o elettronico in tempo breve.
> 4. La nota di banco ha valore legale di 1 mese. Se dopo un mese la nota non è ancora stata ritirata presso il Banco, il suo valore diventa nullo.
> 5. La nota di banco può anche essere compilata e ritirata per via telematica/digitale con un pdf modificabile.

- COMMENTO
  Chiara è la volontà, espressa in questa missiva a carattere economico, di rendere più facilmente tracciabili le transazioni in Funzi e quindi di poterle ripercorrere in caso di necessità.

Missiva per l'Orfanotrofio
16 marzo 2023 – Missiva del CdS e del Ministero Coloniale

> Con la seguente missiva si intende istituire all'interno dell'ospedale un'ala adibita a orfanotrofio, utilizzabile sia da cittadini castelleresi che non.
>
> La struttura non terrà dati riguardanti i genitori, accetterà i bambini in arrivo senza condizioni.

> I bambini otterranno una cittadinanza castellerese provvisoria, con valenza pari a quella normale, ma con l'impossibilità di allontanarsi dal Paese; una volta adottati da una famiglia nostrana riceveranno immediatamente la cittadinanza completa.
>
> La coppia adottiva riceverà 10 Funzi per ogni giovane che prenderà in custodia; entrambi i membri della coppia devono essere sotto i 70 anni di età e non avere disabilità fisiche e mentali. Gli operatori della struttura inoltre faranno degli accertamenti per quanto riguarda il reddito e lo stato dell'abitazione. L'adozione è disponibile anche per coppie omosessuali.
>
> La legge entrerà in vigore a partire dal 15 aprile 2023.

- COMMENTO
  La volontà, piuttosto esplicita, di questa legge è quella di attuare una vera e propria riforma demografica con metodi piuttosto alternativi: invece di incentivare la natalità (come fanno la maggior parte degli Stati) si punta a dare una casa a quei bambini che sono già venuti al mondo e che sono in condizione di necessità.
  Importante la penultima frase del testo, quella in cui si dice che l'adozione è consentita anche alle coppie omosessuali: un segno di grande apertura di Castellero.

Legge sulle libere elezioni
25 marzo 2023 – Legge del CdS pubblicata sulla Gazzetta

> Con la seguente legge si intende imporre un limite di mandato per il Capo di Stato, e per estensione il Governo, pari a un anno.

Il nuovo esecutivo verrà eletto tramite votazioni democratiche, che coinvolgono tutta la popolazione, anche con voto telematico.

Sarà compito del candidato al ruolo di CdS stilare la lista dei ministri che intende portare al Governo, riportandoli sull'apposita scheda, ed eventualmente creare ministeri nuovi che diventeranno effettivi in caso di vittoria elettorale.
Le elezioni avverranno con un sistema di maggioranza puro, ovvero la lista del candidato con la maggior percentuale di voti otterrà l'incarico di formare l'esecutivo.

La carica di CdS non può essere ricoperta dalla stessa persona per due volte consecutive, perciò, il leader uscente dovrà astenersi dal candidarsi nuovamente ed aspettare le elezioni successive. Può tuttavia prendere parte ugualmente al nuovo esecutivo come semplice ministro.

- COMMENTO
Questa legge è stata emanata in previsione delle elezioni del 7 maggio 2023. Si può notare come lo Stato si stia portando sempre di più verso la democrazia e questa legge è forse la ciliegina sulla torta del governo Cittadino, ricco di aperture verso il popolo già nelle leggi precedentemente promulgate.

3

Diritto coloniale

Introduzione

L'ambito coloniale castellerese è stato fondamentale sin dalle sue origini: nell'ultima guerra contro gli americani, per esempio, le colonie hanno dato un contributo non irrilevante agli sviluppi bellici e, se non fosse stato per loro, probabilmente lo Stato di Castellero non avrebbe retto ad un tale impeto di annientamento.

Tuttavia, il nostro Stato non ha sempre dato esempio di buona gestione coloniale. Fino a poco prima dell'insediamento del governo Cittadino (15 aprile 2022) infatti, le colonie erano lasciate allo sbando con poche direttive e poca influenza. Il precedente CdS, Riccardo Piazzo, si premurò di renderle più solide prima di lasciarle in carico al suo successore.

Fondamentale per questo processo di riqualificazione delle colonie fu anche il contributo di Alessio Giacometti, ministro coloniale sotto il governo Piazzo e successivamente anche sotto il governo Cittadino. Fu lui, infatti, a portare avanti una ricerca meticolosa sul campo delle condizioni in cui versavano le colonie e ad ordinarne una riqualifica generale.

In questo capitolo andremo ad analizzare i verbali e le leggi coloniali proprio a partire da quel grande lavoro di riqualificazione di cui sopra, ripercorrendo anche brevemente le precedenti legislazioni.

A differenza del precedente capitolo in cui vengono analizzate le varie leggi poste in una graduatoria cronologica, in questo capitolo si preferisce analizzare le varie leggi in ordine di rilevanza o di argomento.

Ordinanza di Castellero del Segretario Generale
25 dicembre 2020 – Ordinanza del CdS

> *Eccoci; scrivo oggi, in data 25-12-2020 (esatto, proprio il giorno di Natale), per commissionare uno dei progetti coloniali più ambiziosi di sempre: la colonizzazione del <u>mondo primario</u> di Fallout 4, un mondo che è già stato molteplici volte soggiogato da forze politiche e militari molto crudeli, come l'Esercito Fascista e la Repubblica della Nuova California.*
>
> *Dopo il salto temporale, che ha riportato l'ambiente di gioco a circa un anno prima, questo mondo si trova ora in una situazione di pseudo-povertà: non ci sono insediamenti sufficientemente autorevoli da proclamarsi capitale.*

> È quindi il momento più opportuno per attuare un piano coloniale, il quale dovrà (o per lo meno, si spera) essere ultimato entro data <u>31 gennaio 2021</u>.
>
> La colonizzazione partirà dalla base militare che il nostro fedele collega, Nathan Howard, sta già progettando e costruendo proprio mentre sto scrivendo questa ordinanza.
>
> Ulteriori piani di azione verranno improvvisati o comunicati successivamente.

- COMMENTO
  Notiamo innanzitutto dal tono dell'ordinanza che, all'epoca, Castellero era ancora considerato alla stregua di un gioco immaginario; tuttavia, questo documento è il primo che abbiamo (in forma scritta) che ci parla di un progetto coloniale. Alla fine, sappiamo che questo progetto coloniale non è andato in porto, ma anzi il "mondo primario" è stato del tutto cancellato dalle colonie.
  L'ultima frase dell'ordinanza ci dice anche che, molto spesso, soprattutto nelle fasi iniziali dello Stato, si lasciava libertà di iniziativa al colonizzatore sul da farsi.

Missiva del CdS riguardo la missione coloniale del 25-12-2020 nel mondo di Fallout 4 di Nathan Howard

21 marzo 2022 – Missiva ordinaria del CdS

> Con la presente missiva si intende revocare e annullare la missiva (allora chiamata "ordinanza") del 25-12-2020 nella quale si commissionava l'ennesimo tentativo di colonizzazione del mondo

> *"zimonjano", un mondo ritenuto oramai irreparabilmente compromesso.*
>
> *Si intende, inoltre, considerare il suddetto mondo un bene culturale castellerese non più in necessità di cura attiva/manutenzione.*

- COMMENTO
  Come si evince da questa missiva, l'ordine di tentare una nuova colonizzazione del mondo "zimonjano" (così chiamato per via della città di Zimonja, l'unico avamposto del mondo davvero sviluppato) viene revocato con un certo disprezzo. Inoltre, si aggiunge anche che il suddetto mondo smette ufficialmente di essere una colonia dello Stato e viene relegato al terzo grado dei beni culturali castelleresi.

Missiva del Governatore Coloniale di Castellero (Colonizzazione di Nuka World)
12 aprile 2021

> Il governatore Riccardo Piazzo ha deciso ufficialmente la colonizzazione del "Mondo ordinato" di Fallout 4 (quello di Crinzino) e ha incaricato l'Esercito Fascista di Riunificazione del Commonwealth di tale dovere.
> Questa forza militare torna in campo in maniera più compatta e futuristica, con equipaggiamento migliore e addestramento più sofisticato, sotto la guida del Comandante Nominato Fabio Crinzino, il quale, nella sua tradizione e storia di condotta, ha sempre dimostrato di saper gestire in maniera logisticamente ordinata il suo mondo, e quindi si prospetta un intervento militare mirato e di precisione, che non danneggerò il Mondo ordinato, ma

anzi, creerà più opportunità nella oramai morta valle di Nuka World.

Per l'appunto, l'intervento dell'Esercito Fascista sarà obbligatoriamente circoscritto alla zona della valle di Nuka World, questo vuol dire che ogni interferenza del suddetto organo militare in altre zone geografiche del Commonwealth verrà sanzionato aspramente dal governatore Riccardo Piazzo, e questo solo ed esclusivamente con lo scopo di evitare che si crei una situazione simile a quella successa nel mondo del signor Nathan Howard. L'obbiettivo nel piccolo è quello di colonizzare Nuka World, con lo scopo di far rifiorire il commercio in un luogo devastato da anni da lotte tra varie fazioni di predoni. I commercianti della zona centrale del posto hanno bisogno di tutela politica, sindacale e militare, e con l'intervento di colonizzazione si mira a realizzare appunto un posto più emancipato in tutte le sue sfaccettature.

L'obbiettivo nel grande è invece quello di suddividere il Mondo ordinato in 3 fazioni:
- Nuka world: all'Esercito Fascista;
- Far Harbor: all'RNC;
- Commonwealth: ad una milizia popolare.

Il progetto nel grande andrà in porto solamente se l'operazione dell'EFRC (Esercito Fascista di Riunificazione del Commonwealth) avrà esito largamente positivo, altrimenti si cancellerà il tutto, per evitare inquinamenti nel Mondo ordinato. In poche parole, o il quadro viene perfetto o lo si cestina all'istante. Se la tenuta di Nuka World avrà successo, subito dopo si inizierà la seconda fase del progetto: la colonizzazione di Far Harbor da parte dell'RNC, e successivamente si istituirà una milizia popolare e la si suddividerà equamente nel Commonwealth.

Il progetto intero ha lo scopo primario di dimostrare che una pulita e ordinata suddivisione delle colonie di un mondo di Fallout 4 sia possibile, e non potevamo scegliere mondo migliore dell'Ordinato di Crinzino, il quale, come è stato detto anche prima, ha sempre dimostrato un'ottima condotta ordinata e sostenibile nel mondo di gioco.

Passiamo ora alle conclusioni di carattere prettamente organizzativo.
Per la colonizzazione di Nuka World, l'EFRC avrà a disposizione una sola tornata di shipments dalla Cheat Room, una base militare di partenza e 20 soldati.
Potrà costruire, inizialmente, un massimo di 1 carro armato leggero/medio e poi solamente più avanti verranno concessi maggiori sfruttamenti di risorse (shipments), ma per ora bisogna cavarsela con poco, e siamo sicuri che Fabio Crinzino si dimostrerà all'altezza di questo difficile ma fattibile compito di colonizzazione ordinata, pulita, fresca, sostenibile e logisticamente efficiente.

- COMMENTO

    Questa missiva mostra decisamente più serietà delle precedenti, nonostante sia piuttosto datata. Nell'aprile 2021 Castellero non aveva ancora una struttura definita in quanto Stato; tuttavia, questa missiva ci dà l'idea di una presenza statale che sta venendosi a formare.
    Già dal titolo notiamo una sorta di proto-divisione dei compiti quando Riccardo Piazzo si autodefinisce "Governatore Coloniale di Castellero". Possiamo quindi ricondurre a quel periodo la nascita del concetto di Ministero coloniale per come lo intendiamo ora.

A differenza della "Missiva del CdS riguardo la missione coloniale del 25-12-2020 nel mondo di Fallout 4 di Nathan Howard", notiamo che si lascia meno spazio all'improvvisazione, ma si determinano piuttosto nello specifico le risorse a disposizione e i limiti dell'operazione coloniale.

Gestione coloniale – Verbali
21 marzo 2022

The Forest
Dal Febbraio 2019
Governatore: Ughello Fideiussore.
In seguito a una sommaria ispezione del mondo di The Forest "Slot 2" (giorno 171) si considera il suddetto mondo particolarmente gradevole ed efficiente.
- Sviluppo commerciale: 9/10
- Sviluppo tecnologico: 8,5/10
- Benessere abitanti: 8/10
- Infrastrutture: 9,5/10
- Sostenibilità della colonia: 10/10
- Politica: 9/10

Modifiche apportate
- Mappatura degli insediamenti sulla cartina geografica cartacea. Note: mancate elezioni nel corso degli anni, ma la questione non è così importante poiché nel complesso la colonia regge bene la situazione politica.

Si considera valida la colonia.

Fallout 4
Dal 12 Aprile 2021 (giorno d'inizio della colonizzazione)
Governatore: Fabio Crinzino.
In seguito a una veloce ispezione del mondo di Fallout 4 ("Mondo Ordinato") si considera il suddetto mondo abbastanza gradevole e ben tenuto, ma necessitante di miglioramenti.
- Sviluppo commerciale: 7/10
- Sviluppo tecnologico: 8/10
- Benessere abitanti: 7/10
- Infrastrutture: 7,5/10
- Sostenibilità della colonia: 8/10
- Politica: 6/10

Nel dettaglio
- Mercato di Nuka Town: carente di cibo, difesa e posti letto. Necessario intervento.
- Red Rocket di Nuka World: difesa efficiente, esercito ben equipaggiato, buona produzione agricola. Nel complesso ottima gestione dell'insediamento.
- Avamposto di Caldeira: strutture buone (bar, armeria, clinica, dormitorio, casa dell'ufficiale, negozi vari operativi), difesa sufficiente (12pt/10 abitanti), cibo, acqua, energia a posto. Necessario intervento per maggiorare la difesa.

<u>Si considera valida la colonia, ma necessitante di intervento nei casi sopracitati.</u>

Rising World
Dal 23 Agosto 2018
Governatore: Emanuele Giubileo
In seguito alla pregressa conoscenza del mondo (in quanto questo mondo, a differenza dei sopratrattati, ha continuato ad essere giocato nel corso del tempo) lo si valuta particolarmente ben riuscito e notevolmente esteso geograficamente.

- Sviluppo commerciale: 9,5/10
- Sviluppo tecnologico: 9,5/10
- Benessere abitanti: 8,5/10
- Infrastrutture: 9/10
- Sostenibilità della colonia: 9/10
- Politica: 8,5/10

Note: come per The Forest non sono state svolte elezioni dalla formazione di Castellero in quanto Stato e della nomina del governo tecnico guidato dal ministro politico Emanuele Giubileo (2019). Sarebbero necessarie nuove elezioni in quanto la colonia si è dimostrata più volte adeguata alla creazione e alla sperimentazione di sistemi politici.
Nuove elezioni sarebbero necessarie per prendere decisioni più nette su temi caldi della politica locale come, ad esempio, la guerra nella savana.
Si considera più efficiente e produttivo, nonché più piacevole, il gioco con più persone. Quindi si incentiva il turismo nella presente colonia.

<u>Si considera valida la colonia, ma si comandano al più presto nuove elezioni e si punta ad incentivare il turismo.</u>

CONCLUSIONI
Al termine dell'analisi di queste colonie si valuta, in generale, una buona gestione delle colonie videoludiche, ma bisogna far presente che alcune di esse sono state considerate a priori (prima dell'ispezione) invalide per diversi motivi e di conseguenza non prese in esame (ad esempio Shop Titans, Minecraft, State of Decay, Freeman: Guerrilla Warfare, Space Engineers).

- Si comanda una manutenzione delle colonie che la necessitano entro il 3 Aprile 2022.

- COMMENTO

  Questo verbale decisamente articolato ed esteso rappresenta il più importante punto di svolta nella gestione coloniale dello Stato. Da questo documento in poi sono state individuate una volta per tutte le colonie statali, i loro difetti sono stati messi in luce ed è subito seguita una fitta politica di riforma. Se questo documento non fosse mai stato redatto, probabilmente ancora oggi le colonie sarebbero un puro frutto di fantasia senza alcun riscontro tangibile e lo Stato non potrebbe trarne guadagno come, invece, può fare ora.

Missiva del CdS sulla missione coloniale a Nuka World
21 marzo 2022

In data 12-04-2021 era stata assegnata la missione di colonizzazione del territorio di Nuka World (non mi dilungherò; consiglio la lettura di "Missiva del Governatore Coloniale di Castellero", del 12-04-2021).
Di conseguenza si comanda un <u>sopraluogo</u> concreto nella regione suddetta e un <u>verbale</u> scritto che tenga conto dei seguenti punti e ne assegni una <u>valutazione numerica</u>:
- Sviluppo commerciale;
- Sviluppo tecnologico;
- Benessere abitanti;
- Infrastrutture;
- Sostenibilità della colonia;
- Assegnazione di figure politiche.

La colonizzazione potrà definirsi completa solo se i suddetti criteri siano considerabili sufficienti. In caso di insufficienza è comunque richiesto un verbale, seppur negativo.

> Successivi provvedimenti saranno presi in seguito alla lettura del verbale.

- COMMENTO

    Questa missiva è stata scritta con l'intento di andare a controllare se la colonizzazione di Nuka World avesse sortito qualche effetto. A distanza di quasi un anno la sfera decisionale in merito alle colonie è passata quasi totalmente nelle mani del Ministero Coloniale e quindi all'allora ministro Giacometti.

Missiva del Ministero Coloniale (Mondo Ordinato)

9 aprile 2022 – Missiva del Ministero delle Colonie

> Il Ministro Coloniale Alessio Giacometti ordina la colonizzazione dell'intera regione del Commonwealth nel "Mondo Ordinato" di Fabio Crinzino, a partire dalla zona a Sud del Mare Splendente. Questa operazione dovrà essere portata avanti dall'Esercito Fascista, senza l'utilizzo di aiuti esterni quali cheat ecc.
> L'operazione dovrà essere eseguita entro il 1° Gennaio 2023.
> Si richiede un verbale aggiornato ad intervalli di due mesi, a partire dal giorno 9 Aprile.

- COMMENTO

    Questa missiva coloniale cambia un po' le carte in tavola distribuite precedentemente dalla missiva del 12 aprile 2021. Ora il progetto coloniale si estende a tutto il Commonwealth, ma di Far Harbor più nessun cenno.
    Intanto, per il verbale richiesto sullo stato della colonia di Nuka World bisognerà aspettare fino a giugno 2022.

Rapporto sulla colonizzazione del Commonwealth e sullo stato della colonia di Nuka World

9 giugno 2022 – Rapporto del Ministero delle Colonie

Dal 12 Aprile 2021 (giorno d'inizio della colonizzazione)
Governatore: Fabio Crinzino.
La colonizzazione del Commonwealth guidata da Fabio Crinzino sta procedendo in maniera
spedita e costante, dato che circa il 25% dell'intero territorio si trova sotto il nostro controllo.
Sono stati eseguiti dei miglioramenti ad alcuni avamposti.
- Sviluppo commerciale: 8/10
- Sviluppo tecnologico: 8/10
- Benessere abitanti: 8/10
- Infrastrutture: 8/10
- Sostenibilità della colonia: 8/10
- Politica: 6/10

Nel dettaglio
- Per quanto riguarda le forze di occupazione attualmente schierate, l'amministrazione, per il
momento, punta più sulla quantità che sulla qualità, avendo quindi un grande numero di truppe
ma con equipaggiamenti non sempre adeguati.
- Il triangolo tra Sanctuary, la Fattoria Abernathy e Red Rocket è controllato esclusivamente dai
Minutemen.
- Per creare coesione tra i Minutemen e l'esercito fascista, quest'ultimo si impegna a coltivare i
tatos necessari per la produzione di Instamash.
- Il Governatore ha fatto costruire una piccola nave per i trasporti fluviali chiamata Drilona.

- È stata definita una gerarchia di comando, è presente quindi per ciascun avamposto un
luogotenente (berretto bianco), che vigila sulle truppe stazionate lì, tranne nel caso di Red
Rocket di Nuka World, in cui è presente un comandante (berretto blu), che si trova a un livello
superiore di autorità rispetto ai berretti bianchi.
- È attualmente in costruzione un nuovo modello di Explorer, adatto al trasporto delle truppe a
lungo raggio.
- Verso il confine con il Mare Splendente è presente un avamposto di protezione, autosufficiente
in quanto troppo lontano dalla rete di approvvigionamenti.
- Nell'avamposto del Mercato di Nuka Town è ancora presente una lacuna di letti e difese.

Obiettivi futuri
- È auspicabile la vendita, nel futuro immediato, dei "frutti" della colonizzazione di Nuka World,
ad eccezione del whisky, che può essere utilizzato per distillare il moonshine.
- Sarebbe vantaggioso fornire ai soldati un abbigliamento in linea con le tradizioni e la cultura del
proprio territorio, in modo che le truppe si sentano più legati ad esso e quindi più dedite alla sua
protezione.
- Una serra a sud di Red Rocket (Graygarden) non è stata occupata in quanto non costituisce un
obiettivo militare significativo, ma tale avamposto sarà da considerare quando la situazione sarà
più stabile in quanto ricco di frutti mutati, necessari per la produzione di moonshine.
- Civilizzare gli avamposti, dunque ridurre il personale militare in essi (1 ufficiale, 5/6 soldati

semplici), in modo da avere al massimo 1/3 degli abitanti dell'avamposto nell'esercito.
- Aggiungere elementi caratteristici agli avamposti (es: Produzione di un determinato prodotto).
- Assegnare ad un avamposto il titolo di capitale, creando quindi un'autorità centrale all'interno
della colonia da cui sia facile attuare la gestione politica della colonia.

Se la colonizzazione procede a questo ritmo sarà possibile raggiungere l'obiettivo entro il 1° Gennaio 2023 come ordinato due mesi fa, per il momento sono soddisfatto dall'operato del Governatore Fabio Crinzino, che sta dimostrando di essere molto competente militarmente, a differenza di altri Governatori.

- COMMENTO
  Questo rapporto molto esteso redatto dal ministro Giacometti mette in luce la situazione decisamente positiva della colonia di Nuka World e una situazione piuttosto buona della colonia del Commonwealth.
  Per quanto riguarda Nuka World, durante tutto l'anno in cui è stato portato avanti il processo di colonizzazione, sono state trovate ricchezze e si è creata una bella coesione tra i coloni. Viene, tuttavia, sottolineata la mancanza di una definita struttura politica in quanto le gerarchie militari ancora pervadono l'intera colonia.
  Ai tempi di questo verbale era ancora piuttosto difficile definire lo stato, invece, della colonia del Commonwealth in quanto si era ad uno stato ancora embrionale e completamente militarizzato.

Missiva del Ministero Coloniale (Rising World)

18 giugno 2022 – Missiva del Ministero delle Colonie

> Con questa comunicazione si intende iniziare a tassare la colonia di Castellero su Rising World governata da Emanuele Giubileo, secondo il seguente schema:
> - Mensilmente (ogni 15 del mese);
> - A percentuale del 20%;
> - Secondo lo schema di conversione: 1 Copper = 0,5 Funzi.
>
> Verrà tassata unicamente la città metropolitana di Castellero (e non l'intero Stato castellerese), in quanto è quella con l'economia più florida e non sembrava giusto lucrare anche sulle altre città della colonia che non presentano una così evoluta situazione economica.
>
> È stato deciso di iniziare a tassare solamente la colonia di Rising World (per ora) poiché risulta l'unica ad avere un sistema economico particolarmente solido: economia fiorente rappresentata da molte industrie, negozi e in generale una situazione economica stabile.
> In futuro si potrebbe iniziare a tassare anche la colonia del Mondo Ordinato di Fallout 4.

- COMMENTO
  Questo è il primo documento fiscale che riguardi una colonia. La prima colonia a venir tassata, infatti, è stata la città metropolitana di Castellero City su Rising World.
  Viene anche espressa ufficialmente la conversione da Copper (valuta della colonia di Rising World) a Funzio.
  Successivamente verrà indetta una tassa anche per la colonia del Mondo Ordinato, con una percentuale del 15%.

Fonti

Gazzetta di Castellero (pagina Instagram)
Missive dell'esecutivo cartacee
Proposte di legge
E-mail stampata (per quanto riguarda il Referendum popolare)

Università di Castellero – edizioni per lo studio

Fine scrittura: 28 aprile 2023

www.ingramcontent.com/pod-product-compliance
Lightning Source LLC
Chambersburg PA
CBHW031552210526
45464CB00003B/1279